O'r Mynydd Mawr i'r gorllewin o Aberdaron, mae Enlli'n edrych fel cefn morfil mawr ar draws y Swnt.

Weithiau mae'n ymrithio o niwl y môr, dro arall yn tywynnu yn nhes yr haf neu'n disgleirio wrth i'r haul gilio y tu hwnt i'r gorwel gorllewinol.

Dyma'r olygfa a swynodd bererinion yr Oesoedd Canol. Er mai dim ond dau gilomedr i ffwrdd y mae'r ynys, gall gael ei thorri i ffwrdd am wythnos neu ddwy ar y tro mewn tywydd stormus neu wyntog iawn.

Yr arwahanrwydd hwn yw apêl Enlli erioed.

CYFLWYNIAD I'R YNYS

Enlli yw un o'r ynysoedd mwyaf ar hyd arfordir Cymru. Mae ei mynydd, iseldir, clogwyni a'i thraethau'n cynnig amrywiaeth eang o gynefinoedd i fywyd gwyllt.

Mae Ynys Enlli'n eiddo ac yn cael ei rheoli gan Ymddiriedolaeth Ynys Enlli, elusen gofrestredig, ers 1979, ac yn 1986 fe'i dynodwyd yn Warchodfa Natur Genedlaethol.

Ynys Enlli, Gwynedd, Gogledd Cymru
Cyfeirnod grid Arolwg Ordnans : SH122218
Arwynebedd : 1.8 km sgwâr
Pwynt uchaf : Mynydd Enlli (167m)

From Mynydd M... ...f
Abe...
of a...
It...
shim...
as th...

Thi... ...e pilgrims of the Middle Ages. Although the island is just two kilometres away, it may be cut off for a week or two at a time when storms and gales are raging.

Bardsey's isolation has always been its attraction.

ISLAND OF TIDES

Bardsey — *Ynys Enlli* in Welsh: 'the island of the tides' — is one of the larger islands off the coast of Wales. Its mountain, lowland, sea cliffs and beaches provide a wide variety of habitats for wildlife.

Bardsey Island has been owned and managed by the Bardsey Island Trust, a registered charity, since 1979. The island was declared a National Nature Reserve in 1986.

Bardsey Island, Gwynedd, North Wales
Ordnance Survey grid reference : SH122218
Area : 1.8 sq km
Highest point : Mynydd Enlli (167m)

YMDDIRIEDOLAETH YNYS ENLLI

BARDSEY ISLAND TRUST

Ariennir **Ymddiriedolaeth Ynys Enlli** trwy danysgrifiadau aelodau, grantiau a rhoddion.

A fwy o wybodaeth ynglŷn ag ymuno â'r Ymddiriedolaeth neu aros ar yr ynys ewch i **www.enlli.org**

Mae llawer o wybodaeth ar gael ar wefan yr Ymddiriedolaeth am hanes a bywyd yr ynys heddiw.

The Bardsey Island Trust is financed through membership subscriptions, grants and donations.

For further information on joining the Trust or staying on the island please go to **www.enlli.org**

The Trust's website also has extensive information on the history and current life of the island.

GWEDDILLION

Mae fflintiau gwasgaredig yn awgrymu bod pobl yn byw ar yr ynys yn y cyfnod Neolithig, a cheir gweddillion cytiau Gwyddelod o gyfnod diweddarach ar Fynydd Enlli. Mae'n bosibl bod caer bentir ar ben deheuol yr ynys.

Cyrhaeddodd yr Eglwys Geltaidd yn gynnar yn ei hanes. Fe'i sefydlwyd gan Einion Frenin a lywodraethai benrhyn Llŷn, a chredir ei fod yn byw arni yn OC429. Mae'r enw Saesneg neu Norseg ar yr ynys, *Bardsey* ('Ynys Bardr'), yn perthyn i gyfnod y Llychlynwyr, fel nifer o enwau eraill ar hyd arfordir Cymru, fel *Anglesey*.

Erbyn y drydedd ganrif ar ddeg, roedd yr Awstiniaid wedi codi Abaty'r Santes Fair ac mae gweddillion y tŵr yn dal yno heddiw. Trwy gydol yr Oesoedd Canol roedd yr ynys yn ganolfan bererindota bwysig, traddodiad sy'n parhau hyd heddiw.

Ar ôl diddymu'r mynachlogydd, trosglwyddwyd yr ynys i deulu'r Wynniaid (Arglwyddi Niwbwrch yn ddiweddarach) a hwy a fu'n gyfrifol am godi'r adeiladau fferm sydd i'w gweld yn rhannau isaf yr ynys yn 1870.

Yn y bedwaredd ganrif ar bymtheg, roedd system ffermio gymysg yma, gyda pheth tir yn cael ei gadw'n borfa i'r gwartheg, y defaid a'r ceffylau tra bod caeau eraill yn cael eu defnyddio i dyfu cnydau. Roedd gwyddau a moch yn rhan bwysig o economi'r ynys, felly hefyd cimychiaid, crancod a phenwaig. Wedi'u gwasgaru ar hyd a lled rhannau gwlypaf yr ynys, mae caeau bychain wedi'u hamgáu â waliau cerrig lle arferid tyfu coed helyg ar gyfer gwneud cewyll cimychiaid.

Yn ystod y cyfnod hwn, cynhaliai'r ynys boblogaeth o tua 100 o bobl.

Duwc annwyl! pe gwelech chwi'r ŷd oedd yn tyfu yno — yr oedd yn plygu i'r ddaear bron, dan bwysau'r grawn.

Jennie Jones, *Tomos o Enlli* (1964)

FOOTPRINTS

Scattered flints suggest that Bardsey was already inhabited in Neolithic times, and there are remains of later hut circles on its mountain, Mynydd Enlli. There may have been a promontory fort on the southern tip of the island.

The Celtic Church arrived early on the island, apparently established by Einion Frenin, ruler of the Llŷn peninsula, who is believed to have been in residence in AD429. The island's English or Norse name, Bardsey ('Bardr's Island'), dates from the Viking period, as do so many other Welsh coastal names, such as Anglesey.

By the thirteenth century the Augustinians had built the Abbey of St Mary, the tower of which survives today. Throughout the Middle Ages the island was an important place of pilgrimage, a tradition which persists to this day.

After the dissolution of the monasteries in the sixteenth century, the island passed to the Wynn family, later the Lords Newborough, who in the 1870s were responsible for the farm buildings which dominate the lowland part of the island.

In the nineteenth century there was a system of mixed farming, both arable and grazing for sheep, cattle and horses. Geese and pigs were an important part of the island economy, as was the lobster, crab and herring fishery. Scattered through the damper parts of the island are walled withy beds where willow was grown to make lobster pots and baskets.

During this period the island supported a population of about 100 people.

Duwc annwyl! if you could only see the corn that grew there — it was bent almost down to the ground with the weight of the grain.

Tan 1945, derbyniai plant yr ynys eu haddysg yn yr ysgol un-ystafell a byddai pob un ohonynt yn mynd i'r capel a adeiladwyd fel rhan o'r datblygiadau amaethyddol yn y bedwaredd ganrif ar bymtheg.

Amaethir yr ynys heddiw er mwyn gwarchod ei nodweddion cadwraethol. Mae defaid a gwartheg yn pori'r caeau a'r rhostir a thyfir rhywfaint o gnydau. Mae pysgota cimychiaid o gwmpas yr ynys yn dal yn bwysig.

Ar ran ddeheuol yr ynys y mae'r goleudy a adeiladwyd ym 1821. Ym 1988 mabwysiadwyd system oleuo awtomatig a arweiniodd at leihad pellach ym mhoblogaeth yr ynys wrth i geidwaid y goleudy adael am y tir mawr.

Until 1945 island children were educated in the single-room school and all would attend the chapel which was built as part of the nineteenth century agricultural development.

The island is farmed today to benefit its conservation features. Sheep and cattle graze the fields and heathland and some crops are grown. Lobsters are still an important fishery around the island.

On the southern part of the island stands a lighthouse built in 1821. With its automation in 1988 the departure of the resident keepers further diminished the island population.

LLOCHES I FYWYD GWYLLT

Mae'r ynys yn enwog am ei hadar mudol a phreswyl. Ers 1953 mae Gwylfa Adar a Maes Enlli wedi bod yn brysur yn astudio adar a bywyd naturiol yr ynys yn gyffredinol. Cedwir golwg ar symudiadau adar mudol trwy eu modrwyo. Mae yma gyfoeth o adar yn nythu, gan gynnwys y llurs, yr wylog, aderyn drycin y graig, yr wylan goesddu a'r fulfran werdd ar glogwyni'r dwyrain a chorhedydd y waun, y llinos, yr iâr ddŵr a'r wennol ar y tir amaethyddol.

Dau aderyn arbennig yr ynys yw'r frân goesgoch, sydd wedi'i chyfyngu bellach yn bennaf i arfordiroedd gorllewinol Prydain, ac aderyn drycin Manaw. Mae'r aderyn cefnforol hwn yn crwydro ar hyd ac ar led yr Iwerydd drwy'r flwyddyn ond daw i'r tir i fagu. Mae rhyw 16,000 o barau'n gwneud eu nythod mewn tyllau ar yr ynys. Daw'r adar i'r tir wedi iddi nosi, gan lenwi'r nos â'u galwadau. Yr unig arwydd ohonynt yn ystod y dydd yw'r 'gwyngalch' wrth gegau'r tyllau.

Mae'r bioden fôr, neu'r saer, yn nythu ar hyd holl lannau'r ynys. Mae llawer o adar ysglyfaethus yn ymweld â'r ynys ond yr hebog tramor, y dylluan fach ac ambell gudyll coch a gwalch glas yw'r unig rai sy'n aros yma.

KIM ATKINSON

A WILDLIFE REFUGE

The island has long been famous for its migrant and resident birds. Since 1953 the Bardsey Bird and Field Observatory has been active in the study of birds and natural history more generally. Movements of migrants are tracked through ringing. There is a rich breeding population of birds, ranging from the razorbills, guillemots, fulmars, kittiwakes and shags of the eastern sea cliffs, to the meadow pipits, linnets, moorhens and swallows of the farmland.

The island's speciality is the chough, the red-billed member of the crow family which is now largely confined to western coasts in Britain, and the Manx shearwater. This oceanic bird ranges throughout the whole of the Atlantic and only comes ashore to breed. Some 16,000 pairs breed in burrows on the island. The birds come in when it is dark, filling the night with their calls. The only sign that a day visitor will see is streaks of 'whitewash' at the burrow entrances.

Oystercatchers nest all around the coast. Many birds of prey visit the island but only the peregrine falcon, little owl and an occasional kestrel and sparrowhawk are resident.

Y darn mwyaf diddorol i fotanegwyr yw'r rhostir arforol. Ar hyd rhannau helaeth o'r arfordir isel mae casgliad o blanhigion sy'n cael eu cadw dan reolaeth gan effaith dŵr hallt y môr a'r defaid sy'n eu pori. Ar ddechrau'r haf, mae'r rhostir yn fôr o liw, gyda blodau fel clustog fair, grug, serennyn y gwanwyn a melyn yr eithin. Ymysg y rhedyn mae nifer o blanhigion sydd i'w gweld yn amlach mewn coetiroedd, er enghraifft, clychau'r gog, briallu a bysedd y cŵn. Ar borfa fer y mawnogydd lle mae cregyn yn gwneud y pridd yn alcalïaidd, mae blodau'r tegeirian – troellig yr hydref – i'w gweld ym mis Awst a Medi.

Of most interest for botanists is the maritime heath. This is an assemblage of plants found along much of the lower-lying coast, which is kept short by the combined effects of grazing by sheep and salt spray. In early summer it is full of colour with the flowers of thrift, ling, vernal squill and tormentil. Among the bracken are a number of plants more usually associated with woodland, including bluebells, primrose and foxgloves. In short turf, where shell fragments make the soil alkaline, the flowering spikes of the orchid autumn lady's-tresses may be found in August and September.

Mae morloi llwyd i'w gweld yn aml yn y môr. Mae'r môr o gwmpas yr ynys yn gynefin ffrwythlon i greaduriaid y môr ac fe'u gwarchodir fel rhan o Ardal Cadwraeth Arbennig Pen Llŷn a'r Sarnau.

Offshore, Atlantic grey seals are often to be seen. The waters around the island are rich in marine life and they are protected as part of the Pen Llŷn a'r Sarnau Special Area of Conservation.

RESPECT

THE REMAINS OF 20,000 SAINTS
BURIED NEAR THIS SPOT

POBL YR YNYS

Dros y blynyddoedd, mae Ynys Enlli wedi bod yn gartref i bysgotwyr, ffermwyr, meudwyaid, mynaich, ceidwaid y goleudy, artistiaid a beirdd. Mae patrwm y caeau gwyrddion a'r waliau cerrig yn amrywio mewn ambell fan gyda gweddillion yr Abaty canoloesol, ambell dŷ Fictoraidd ac adeiladau fferm.

GWEDDILLION YR ABATY

Heb os mae gan Enlli le pwysig yn hanes Cristnogaeth Cymru, er mai prin yw'r dystiolaeth berthnasol a llenyddol. Nid yw'n anghyffredin i ynysoedd chwarae rôl yn hanes Cristnogaeth. Yn union fel yr oedd y ddelfryd asgetig yn ysbrydoli Cristnogion cynnar i encilio yn anialwch Gorllewin Asia a Gogledd Affrica, roedd ynysoedd hefyd yn denu cymunedau crefyddol i ymgartrefu arnynt. Yn ddiweddarach datblygodd rhai o'r rhain yn ganolfannau pererindota, lle'r oedd traddodiad crefyddol yn bodoli ochr yn ochr ag ychydig o fasnach. Mae awduron canoloesol diweddarach yn cysylltu Ynys Enlli â bywydau neu farwolaethau gwahanol seintiau o'r Eglwys Geltaidd gynnar: Cadfan a Lleuddad, Beuno o Glynnog, Dyfrig o Went, Padarn o Arfon a Deiniol o Fangor.

Yr olion Cristnogol cynharaf ar yr ynys yw dwy garreg goffa, sydd bellach wedi eu gosod yng Nghapel Enlli. Mae croes seml wedi'i cherfio sy'n dyddio o'r seithfed i'r nawfed ganrif. Wrth ei hochr mae maen gwastad; ar ei hanner isaf mae ffigwr o ddyn yn gwisgo sgert, ychydig o gerfwaith plethedig a'r arysgrifen hannerwnsial, **ESILLIMARGUELLO** sy'n coffáu 'Esyllt' neu enw tebyg. Ychydig a wyddom am y gymuned grefyddol yn Enlli ar y pryd, ond mae'n debyg bod cysylltiad agos rhwng yr ynys ag Aberdaron ar y tir mawr. Mae llawysgrif ganoloesol yn cofnodi marwolaeth Iarddur, mynach ar Enlli, yn 1012.

Mae adfeilion y tŵr yng nghornel ogledd orllewinol y llecyn caeedig, er ei fod mewn cyflwr digon truenus erbyn hyn, yn gadarn a hwn yw'r adeilad hynaf ar yr ynys. Mae'r waliau, o rwbel bras lleol, dros fetr o drwch ar lefel y llawr isaf. Sgwâr 5.8m yw'r llawr hwnnw. Mae'r gornel ogledd orllewinol wedi goroesi hyd at uchder o 8.2m. Mae mynedfa yn y wal isaf yn y de, sef twll syml heb le ar gyfer drws. Yn y wal ddwyreiniol, mae lansed sengl gain gyda chilbyst

HUMAN HABITATION

Over the ages, Bardsey has been home to fishermen, farmers, hermits, monks, lighthouse-keepers, artists and poets. The island's pattern of green fields and stone walls is interrupted in places by remains from the medieval Abbey, a few Victorian houses and farm buildings.

MONASTIC REMAINS

Few would disagree that Bardsey occupies an important place in the annals of Christianity in Wales, although both material and documentary evidence is meagre. It is not uncommon for an island to play a role in the history of Christianity. Just as the ascetic ideal inspired the isolated desert hermitages of early Christians in Western Asia and North Africa, islands too attracted religious settlement. Some of these later developed as places of pilgrimage, where religious tradition was leavened with a touch of commerce. Later medieval writers link Bardsey with the lives or deaths of various saints of the early Celtic Church – Cadfan and Lleuddad, Beuno of Clynnog, Dyfrig of Gwent, Padarn of Arfon and Deiniol of Bangor.

The earliest Christian remains are two memorial stones, now set up in Capel Enlli, the chapel. A simple carved cross dates from the seventh to ninth century. By its side is a slab; the existing lower part bears the skirted figure of a man, some interlaced carving and an inscription in half-unicals reading **ESILLIMARGUELLO**, commemorating 'Esyllt', or a similar name. Little is known of the religous community on Bardsey at this time, but it was probably closely associated with Aberdaron on the mainland. A medieval manuscript records the death of Iarddur, a monk of Bardsey, in 1012.

The ruined tower occupying the north west corner of the enclosure, although truncated and badly ruined, is of solid construction and by far the oldest surviving building on the island. The walls, of local roughly coursed rubble, are over a metre thick at ground floor level, where the plan is an internal square of 5.8m. It survives to a height of about 8.2m in the north west corner. The lowest wall on the south is the site of an entrance passage – a simple opening without provision for a door. In the east wall is a fine single

mewnol cyfain o dywodfaen sydd wedi ei fewnforio. Mae'r cilbyst allanol wedi diflannu gan mwyaf, dim ond y maen clo ac un garreg fwa sy'n weddill: yn ôl cynllun ac ansawdd yr agoriad hwn, gellir dweud ei fod yn dyddio o'r 13eg ganrif. Gellid ei gymharu ag Eglwys Beddgelert, a oedd hefyd yn eiddo i Ganoniaid Awstin, ac yn y pendraw, i Haughmond yn Swydd Amwythig, y fam-eglwys. Yn 1983, adeiladodd Douglas Hague [awdur y bennod hon] allor a chroes allor yn erbyn y wal ddwyreiniol.

Ar y llawr cyntaf roedd lansed gul yn wal y gogledd, yn pwyso ar drawstiau trwm – mae'r tyllau ar eu cyfer i'w gweld – a phorth mawr yn y mur gorllewinol. Nid ydym yn sicr beth oedd diben yr agoriad hwn, er bod presenoldeb dwy garreg gyswllt yn ymwthio tua mur y gogledd yn awgrymu y bu rhyw adeilad o bosibl i'r cyfeiriad hwn. Cafodd unrhyw dystiolaeth ei dinistrio pan gloddiwyd yn ddwfn o gwmpas gorllewin y fynwent i adeiladu'r ffordd bresennol. Wrth wneud y gwaith hwn yn y 1880au ac wedi hynny, cafwyd hyd i lawer o feddau ac afraid dweud bod llawer o dystiolaeth o'r adeiladau wedi'i chwalu.

Mae'n debyg bod tri llawr i'r tŵr, a arferai fod yn rhan o eglwys y mynaich, ond nid oes gwybodaeth bendant am union safle'r eglwys na'i maint. Mae'n rhaid ei bod tua'r de ddwyrain o dan y fynwent, a daw'r tri maen ger y porth o ochr ddeheuol yr eglwys neu adeilad cysylltiedig yr un mor sylweddol. Yn y blynyddoedd diwethaf, mae meini tywodfaen wedi'u naddu neu'u caboli wedi'u casglu o adeiladau eraill ac ymddengys bod rhai o'r meini sydd wedi'u naddu ar y ffenestri yn dyddio o ddechrau'r 13eg ganrif.

Er gwaethaf arolygon o'r awyr a gwaith geoffisegol, nid yw'r Abaty wedi datgelu ei gyfrinachau a'r casgliad amlwg y gellid dod iddo ar sail hynny yw bod y fynwent wedi bod yn ganolfan i weithgarwch Cristnogol o'r dyddiau cynharaf. Fodd bynnag, mae nifer y beddau yn yr ardal hon yn golygu y byddai gan unrhyw archeolegydd dasg anferthol o'i flaen a byddai'n lwcus i gael hyd i unrhyw adeiladau heb eu dinistrio gan y beddau. Dan amgylchiadau o'r fath, gallwn ond gobeithio y manteisir yn llawn ar unrhyw gynhalfur a allai ddymchwel yn ddamweiniol er mwyn casglu a chofnodi cymaint o wybodaeth â phosibl.

lancet with intact inner jambs of imported sandstone. The outer jambs have been extensively robbed, only the keystone and one voussoir surviving; the design and quality of this opening put the tower into the thirteenth century. Perhaps it is comparable with the Beddgelert church, also belonging to the Augustinian Canons, and ultimately, Haughmond in Shropshire, the mother house. In 1983 Douglas Hague [*the author of this section*] built an altar and altar cross against the east wall.

On the first stage there was a narrow lancet on the north wall, carried on heavy beams – the holes of which can be seen – and a large doorway inserted in the west wall. The purpose of this opening is not clear, although the presence of two projecting bonding stones in line with the north wall suggest that some building was contemplated in this direction. Any evidence would have been destroyed when the present road was cut deeply around the west side of the graveyard. During this operation in the 1880s and subsequently, many burials were encountered and vital evidence of the conventual buildings must have been destroyed.

The tower, which probably carried a third belfry stage, formed part of the monastic church but the exact site and extent of that is uncertain. It must however have been to the south east of the tower under the graveyard, and the three blocks of fallen masonry near the gateway from the southern side of the church or an equally substantial associated building. In recent years, blocks of carved or dressed sandstone have been collected from previous parts of the buildings, and some of the window dressings appear to be of the early thirteenth century.

Despite aerial and geophysical surveys, the Abbey has not revealed its secrets and the obvious conclusion is that the area of the graveyard has always been the centre of Christian activity. However, the heavy concentration of burials in this area would present a daunting task for any excavator and one would be lucky to find evidence of structures undisturbed by graves. In such circumstances one can only hope that any accidental collapse of a retaining wall will be exploited to the full and all possible information be investigated and recorded.

I'R GOLEUDY

Prin yw'r ymwelwyr ag Enlli sydd heb eu hudo gan swyn naturiol ei harddwch a'i hawyrgylch, ond ni ellir disgwyl i bawb fod yn gytûn ynglŷn â pha nodwedd yw'r bwysicaf neu'r fwyaf diddorol. Fodd bynnag, does dim amheuaeth mai'r goleudy a adeiladwyd ym 1821 yw'r adeilad mwyaf sylweddol ac sydd wedi'i adeiladu orau ar yr ynys, ac fel cymaint o oleudai a gynlluniwyd ar gyfer safle penodol, mae nifer o nodweddion anghyffredin yn perthyn iddo.

Cafodd ei leoli i nodi'r ffin rhwng Baeau Caernarfon ac Aberteifi, ac fel goleudai Ynysoedd y Moelrhoniaid, Ynys Lawd a Thrwyn Eilian (bob un ym Môn), fe'i codwyd i helpu llongau Lerpwl. Yn 1821, bum mlynedd ar ôl i'r cais cyntaf am olau gael ei wneud, cwblhawyd y tŵr yn unol â chynllun gan Daniel Alexander, ac fe'i hadeiladwyd gan Joseph Nelson i gorfforaeth Trinity House.

Fe ddyluniodd Alexander nifer o dyrau i Trinity House, sawl un â chymorth Nelson. Mae gan ei dyrau yn Ynys Wair, Harwich a Berwick rai nodweddion tebyg i oleudy Enlli, sef golau isel wedi'i amddiffyn gan ganopi carreg a mowldiau plinth caboledig iawn.

TO THE LIGHTHOUSE

There can be few visitors to Bardsey who are not moved by its natural charm, beauty and atmosphere, but one cannot expect many to agree over which feature or building is the most important or interesting. However there can be little doubt that the lighthouse completed in 1821 is the most substantial and best built structure on the island, and like so many lighthouses being designed for a particular site, it contains some unusual features.

It was sited to mark the division between Caernarfon and Cardigan Bays, and like the Skerries, South Stack and Point Lynas (all in Anglesey) to benefit the Liverpool shipping lanes. In 1821, five years after the first application for a light had been made, the tower was completed to the designs of Daniel Alexander, and built by Joseph Nelson for the corporation of Trinity House.

Alexander designed several towers for Trinity House, a number with the assistance of Nelson. His towers at Lundy, Harwich and Berwick have some features in common with Bardsey, notably a low light protected by a stone canopy and heavily enriched plinth moulds.

"Byddem yn cael ystormydd dychrynllyd o amgylch Enlli, ac aeth llawer llong yn ddrylliau ar ei glannau creigiog. Un noson erchyll o stormus, gyda'r tonnau fel mynyddoedd mawr yn curo'r creigiau, aeth llong yn ddrylliau o dan y goleudy. Boddwyd pob un o'r criw ond un."
— Jennie Jones, *Tomos o Enlli* (1964)

"We used to have fearful storms around Enlli, and many ships were wrecked on the rocky shores. One frightfully stormy night, with waves like big mountains pounding the rocks, a ship was wrecked below the lighthouse. All the crew were drowned except one."
— Jennie Jones, *Tomos o Enlli* (1964)

PLAS BACH

TŶ NESAF
TŶ BACH

TAI, FFERMYDD AC YSGOL

Mae'n bosibl y bydd ymwelwyr ag Ynys Enlli braidd yn siomedig nad oes hen ffermdai ac ysguboriau traddodiadol i'w gweld. Yn hytrach yr hyn a geir yw tai pâr twt, tebyg i'r rheini a godwyd ar ystadau maestrefi 'nodweddiadol' ger dinasoedd mawrion Prydain ar droad y ganrif.

Yn sicr aeth mwy o feddwl i olwg y tai hyn nag i ymarferoldeb a defnyddioldeb eu cynllun, ond fe'i hadeiladwyd yn arbennig o dda o'r deunydd gorau, yn enwedig y gwaith coed. Mae'r grisiau a'r drysau fel newydd ac mae hyd yn oed y rhan fwyaf o'r ffenestri wedi goroesi. Mae'n amlwg bod y ffenestri hyn wedi eu cynllunio'n arbennig i wrthsefyll amodau anodd yr ynys. Mae iddynt fframiau llithro neu godi ynghyd â chroeslathau a myliynau.

Er bod cynlluniau'r tai pâr yn amrywio ychydig, mae pedair ystafell ar lawr isaf pob un: parlwr bychan â llawr pren a lle tân bychan a thlws; ystafell fyw fwy a chegin â lloriau llechi. Mae lle tân sylweddol yn y gegin ac fel arfer yno mae'r grisiau sy'n esgyn i'r tair ystafell wely. Hefyd, wrth y gegin y mae'r bwtri, â slabiau llechi cain, a'r porth cefn. Mae hefyd borth ym mlaen pob tŷ. Yn y cefn, roedd toiled pridd a gardd fach gerllaw lle arferid gwacáu ei gynnwys.

Mae pedwar pâr o dai, a saif y tai unigol Carreg Fawr a Phlas Bach yn y gorllewin ac islaw'r ffordd. Yn yr olaf, a adeiladwyd ar gyfer y perchennog pan ymwelai â'r ynys, neu ei ddirprwy, roedd ffitiadau o safon uwch a'r unig ffynnon go iawn ar yr ynys oedd wedi'i leinio'n dda gyda phwmp. Mae'r ddau bâr gogleddol yn sefyll wrth y ffynhonnau ar ochr y mynydd, ond roedd y cyflenwadau dŵr i'r tai eraill yn ddiffygiol iawn a dibynnwyd yn helaeth ar ddŵr glaw. Tŷ'r gweinidog yw'r trydydd tŷ sengl sydd gerllaw'r capel. Codwyd yr holl adeiladau hyn gan Ystâd Niwbwrch yn y 1872-1875.

HOUSES, FARMS AND SCHOOL

Many visitors to Bardsey may be disappointed not to see picturesque, traditional old farmhouses and barns, but rather prim, neat semi-detached houses of a kind to be found in 'model' suburban estates built near the larger cities in Britain around the turn of the century.

Certainly more thought went into the appearance of the houses than the utility and convenience of plan, but they were remarkably well built of first class material, in particular the joinery. The stairs and doors are still in excellent condition and even most of the windows have survived intact. These, mullioned and transomed with lifting or sliding sashes, were clearly designed specially for exposed conditions.

Although the plans of the paired houses vary slightly, each has four ground floor rooms; a small parlour with a wooden floor and a modest, but pretty fireplace; a larger living room and kitchen with slate floors. The kitchen has a larger fireplace and usually has the stair leading up to the three bedrooms. Also leading off the kitchen is the larder, with fine slate slabs, and the back porch. All the houses have front porches. At the back, the earth closet has an adjacent garden bed onto which the contents were emptied.

There are four pairs of semi-detached houses with two, Carreg Fawr and Plas Bach, set to the west and below the road. The latter, intended for the factor or visiting owner, had superior internal fittings and also the only properly dug and lined well with pump. The two northerly pairs are near the wells on the side of the mountain, but the water supplies to the remaining houses left much to be desired, with much reliance being placed on rainwater. The third single house is that provided for the minister and adjoins the chapel. All these buildings were erected by the Newborough Estate in 1872-1875.

CARREG BACH

Mae'r bwthyn bach, Carreg Bach, yn perthyn i gyfnod cynharach, ond mae'n annhebygol ei fod yn hŷn na diwedd y 18fed ganrif. Mae croglofft ynddo o hyd ond mae'r to wedi ei godi.

Tua'r de, hwnt ac yma ar ochr y ffordd, mae adfeilion nifer o fythynnod tebyg ac maent i'w gweld yn glir ar fap o'r ystâd, yn dyddio o ddiwedd y 18fed ganrif. Gerllaw y mae'r ysgol, adeilad syml sy'n dyddio o ganol y 19eg ganrif. Er yn adfeilion ac wedi'u hysbeilio yn ystod yr ugeinfed ganrif, y gorau o'r tai 'cynnar' yw Tŷ Newydd, i'r dwyrain o'r ffordd ac i'r de o'r fynwent. Mae'n bosibl y cafodd yr adfeilion gerllaw, eu defnyddio fel llaethdy.

The small cottage, Carreg Bach, is a survivor of the earlier type of habitation, although it is unlikely to date before the late eighteenth century. It retains its *croglofft* but the roof has been raised.

To the south, strung out along the road, are the ruins of a number of similar cottages which are clearly indicated on the late eighteenth century estate map. Near here is the school house, a modest building probably dating from the mid-nineteenth century. Although badly ruined and robbed during the twentieth century, the best of the 'early' houses is Tŷ Newydd, of the road and south of the graveyard. Nearby ruins may have been used as a dairy.

YR YSGOL *SCHOOL*

CRISTIN

Yn fwy trawiadol na'r tai yw'r adeiladau fferm a'r muriau sy'n eu hamgylchynu. Maent i gyd yn dyddio o ddiwedd y bedwaredd ganrif ar bymtheg ac yn debyg i'r tai pâr. Maent wedi'u codi fesul dau gyda'r clwstwr mwyaf gogleddol ohonynt yn gwasanaethu pedwar tŷ. Tai allan unigol sydd wrth y ffermydd – y rheini ym Mhlas Bach yw'r mwyaf uchelgeisiol. Mae gan bob un o'r tai erddi â wal o'u cwmpas.

Heb amheuaeth, y rhai mwyaf trawiadol yw'r rheini sy'n perthyn i Gristin (yr Wylfa Adar bellach). Mae'r holl adeiladau wedi'u codi ar allt ar ochr ddwyreiniol y ffordd. Yma, bu'n rhaid codi llwyfan o bridd gwastad tua thri metr o uchder ar gyfer y buarth a'r adeiladau, ac mae'r saith gwanas (bwtres) sy'n cynnal y wal yn golygu bod yr adeiladwaith hwn gyda'r mwyaf trawiadol a dramatig ar yr ynys.

Codwyd y muriau amgylchynol er mwyn diogelu'r adeiladau a'r buarthau rhag y gwyntoedd cryfion sy'n nodwedd amlwg o hinsawdd yr ynys, ond maent yn ein hatgoffa o ffermydd amddiffynnol Ffrainc. Nodwedd nodedig o'r adeiladau a'r muriau yw'r meini copa bylchog, wedi'u ffurfio o feini lafa hollt tra bod pyst gatiau mawr ar hyd y ffordd ac o gwmpas yr adeiladau.

More impressive than the houses are the carefully planned farm buildings within their enclosure walls. All dating from the late nineteenth century and echoing the semi-detached houses, they are laid out in pairs with the northern-most complex accommodating buildings for four houses. The single farms have individual buildings, those at Plas Bach being the most ambitious. All the houses have walled gardens.

Undoubtedly the most impressive group is that attached to Cristin (now the Bird Observatory) where all the buildings were built on ground rising up on the east side of the road. Here it was necessary to build up a platform about three metres high to provide level ground for the yard and buildings, and the seven raking buttresses supporting this wall makes it the most striking and dramatic elevation on the island.

The purpose of the high surrounding walls was to protect the buildings and yards from the severe winds which are a feature of the island's climate, but they evoke a picture of the defensive farms of France. A notable feature of the buildings and walls is a crenellated coping, formed partly of split lava boulders whilst the gate-posts along the road and around the buildings are monumental.

BUARTH NANT *NANT YARD*

Mae gan bob ffermdy ei ysgubor a llawr dyrnu estyllog a drysau dwy-adain traddodiadol i greu awel ar gyfer nithio; stabl, cartws a thaflod, twlc, cegin foch, stordy a thŷ bach. Ceir amrywiaethau bychain, yn enwedig rhwng y tai unigol. Tua 1900, gyrrid y peiriant torri us a pheiriannau tebyg gan geffylau. Rai degawdau'n ddiweddarach, daethpwyd â pheiriant dyrnu bychan ac injan gludadwy i'r ynys.

Yn rhyfedd iawn, nid oes unrhyw hanes o efail yma. Mae'n rhaid mai'r ystâd a ddarparodd y gatiau haearn bwrw cain. Mae nifer ohonynt wedi goroesi ar ôl eu hatgyweirio.

Mae adfeilion hen odyn galch wrth y tro yn y ffordd ac yn y Cafn mae'r Storws, adeilad cwbl ddi-nod ond annwyl, gyda tho o lechi mawr, porffor, trwm, a ddaeth bron yn ganolfan gymdeithasol i'r ynys.

Each farmhouse is equipped with a barn, fitted with a boarded threshing floor and the traditional opposingly set doors to provide a winnowing wind; a stable, a cart shed with loft, a pig sty, pig kitchen, store and privy. There are some slight variations, especially for the detached houses. Around 1900, horse-gins provided power for the chaff cutter and similar machines. A few decades later a small threshing machine and portable engine were provided.

Curiously there is no evidence of there having been a smithy. The fine wrought-iron gates, of which several survive in a repaired form, must have been supplied by the estate.

There is a ruined lime-kiln at the angle in the road, and at the Cafn an utterly undistinguished but lovable stone boathouse, with large heavy purple-slated roof: almost the social centre of the island.

Y STORWS *BOATHOUSE*

↑ Carreg galch cyn-Gambriaidd (860 miliwn o flynyddoedd oed) mewn amgaen o sgist gwyrdd mwy diweddar — rhan o mélange Ynys Enlli.

↑ Precambrian limestone (860 million years old) in a matrix of younger green schist — part of Bardsey's mélange.

"At this northern end are black sea caverns. Above the caves the rock is white and worked over in raised veins, polished and fine as ivory. Some of these rock veins were thin as spider web, others were thick as human arteries."
    Brenda Chamberlain, *Tide-race* (1962)

DAEAREG YR YNYS

Wrth gamu oddi ar y cwch byddwch yn camu mwy na 550 miliwn o flynyddoedd yn ôl i hanes cynnar Enlli …

Mae hanes daearegol yr ynys yn dechrau gyda gwaddodion lleidiog ar wely'r môr o gerrig, meini a darnau mawr o graig. O ganlyniad i bwysau o geryntau yn nyfnderoedd y gramen gefnforol, ystumiwyd gwely'r môr a'i hollti. Ymwthiodd lafa trwy'r holltau hyn gan greu pentyrrau cyd-bleth tebyg i obenyddion. Yn raddol cafodd y gramen ei hystumio ymhellach gan y lafâu nes ei bod yn gwasgu'n galed yn erbyn cramen gyfandirol arall. Yn sgil hynny, cafodd y lafâu, y darnau o graig a'r gwaddodion eu chwalu, eu darnio, eu plygu a'u plethu gan asio'r cawdel o greigiau i greu cymysgedd neu 'mélange'. Y ddrysfa hon o greigiau yw Mynydd Enlli, y glannau creigiog a'r llwyfan o dan y dyddodion meddal ar weddill yr ynys.

Tua 65 miliwn o flynyddoedd yn ôl, wrth i Gefnfor yr Iwerydd agor, ymddangosodd holltau dwfn unwaith eto yn y gramen ac fe'u llenwyd â lafa basalt du. Gwelir un o'r 'deiciau' hyn yng Nghafn Enlli.

Er gwaethaf sawl cyfnod o erydu a dyddodi, ni chymerodd Enlli ei ffurf bresennol tan ddwy filiwn o flynyddoedd yn ôl pan ymledodd y llen iâ i lawr Môr Iwerddon gan naddu, ysgythru, llyfnu a chrafu'r brigiadau creigiog yn ei llwybr. Hefyd, gollyngwyd 'clog-glai' – cymysgedd o greigiau, cerrig, tywod, silt a chlai – ar y tir pantiog. Cafodd y gwaddodion hyn eu malu a'u cymysgu gan yr iâ a'u gollwng ar y llwyfan o gwmpas yr ynys.

Dadmerodd y llen iâ ddiwethaf 18,000 o flynyddoedd yn ôl. Ers hynny, mae'r tir wedi ail-godi wrth i bwysau'r iâ ddiflannu. Mae'r traethau a grëwyd gan y moroedd ôl-rewlifol bellach wedi'u ffosileiddio uwchlaw'r glan môr presennol ac mae creigiau a oedd unwaith o dan y dŵr bellach i'w gweld ar yr arfordir, mewn hen chwareli ac yn y muriau a'r adeiladau. Heddiw, mae Enlli yn adlewyrchu 570 miliwn o flynyddoedd cythryblus. O grwydro'n hamddenol o gwmpas yr ynys, datgelir i chi rai o'r trysorau y mae wedi'u cadw ynghudd mor hir. Cofiwch wahaniaethu rhwng y graig go iawn a'r cen tebyg i garreg sy'n gorchuddio llawer o'r hen arwynebau. Mae cymaint o greigiau diddorol ar yr ynys, yn ei chilfachau a'i dyfnentydd fel bod mwy na digon i'ch difyrru pe baech yn dychwelyd am yr eildro.

THE ISLAND'S GEOLOGY

Step off the boat and you step back more than 550 million years — to a time when Bardsey's history began …

The island's origin lies in muddy sea floor sediments containing pebbles, boulders and great tracts of rocks. Pressures from hot currents deep in the oceanic crust caused it to crack, opening fissures on the sea bed. Pulses of lava were ejected as blobs resembling pillows. The lavas gradually forced the crust sideways until it was pushed up hard against other ocean crust. The resultant crumpling, crushing and folding of lavas, fragments and sediments alike fused the jumbled rocks into a mixture or 'mélange'. This confusion of rock forms all of Mynydd Enlli, the rocky shores and the platform beneath the soft deposits on the rest of the island.

Some 65 million years ago, as the Atlantic Ocean opened up, deep fissures again appeared in the crust, and these filled with black basalt lava. One of these 'dykes' occurs at Cafn Enlli.

Despite many periods of erosion and deposition it was not until the last two million years that the great ice-sheets swept down the Irish Sea and Bardsey finally took on its present shape. Rocky outcrops were scoured, scratched and rounded by the passing ice, which also plastered 'boulder clay' – a chaotic mix of boulders, pebbles, sand, silt and clay – onto the uneven surfaces. These sediments were ground up and mixed by the ice and deposited on the platform around the island.

The last ice-sheet melted 18,000 years ago and, since then, the land has bounced back up as the weight of the ice was removed. Beaches formed by the post-glacial seas are now fossilised above the present-day shore and rocks once hidden beneath the waves are exposed along the coast, in old quarries and in the walls and buildings. Today, Bardsey reflects 570 million turbulent years and a gentle stroll over the island will unravel the treasures it has stored for so long. Remember to distinguish between the real rock and the rock-like lichen which covers many old surfaces. So many interesting rocks on the island, in its coves and ravines, make further exploration a good reason to return.

1 Wrth deithio i'r ynys o Aberdaron, Mynydd Enlli sy'n arglwyddiaethu'r olygfa gyda'i 'félange Gwna' erydog yn cynnwys clastau (darnau o graig) gwyn enfawr a nifer o ogofâu wedi'u tyllu yn y creigiau hollt gan y tonnau sy'n taro'i glannau.

2 Wrth gyrraedd yr harbwr cysgodol, cewch ymdeimlad o lonyddwch. Mae'r cewyll gwifrau wrth y lanfa, wedi'u llenwi â meini a gasglwyd o waliau'r caeau cyfagos a'r gilfach wrth ymyl y lanfa, yn rhoi cip inni ar hanes diddorol yr ynys. Roedd y gilfach unwaith yn llawn o greigiau basalt du sydd bellach wedi'u casglu a'u rhoi yn y cewyll a'u defnyddio i godi'r adeiladau ym mhen arall yr ynys.

3 Lle mae'r ddau lwybr yn uno ceir hen odyn galch a ddefnyddiwyd i wneud morter a chalch amaethyddol. Mae'n debyg y byddai'n mewnforio rhywfaint o gerrig i'w defnyddio, yn ogystal â charreg o'r clastau calchfaen.

1 Approaching the island from Aberdaron, Mynydd Enlli dominates the skyline with its eroded 'Gwna mélange' containing huge white clasts (fragments of rock) and numerous caves excavated in the fractured rocks by the waves which lash its shores.

2 On entering the sheltered harbour, tranquillity prevails. The wire-clad gabions of the jetty, filled with boulders from the walls of neighbouring fields and the inlet alongside the jetty, plunge you straight into Bardsey's fascinating past. The inlet once contained black basaltic rocks which now fill the gabions and adorn buildings at the other end of the island.

3 At the junction in the track lies an old limekiln. It was used to make mortar and agricultural lime, and it probably used some imported stone as well as rock from the limestone clasts.

4 Ar hyd y llwybr wrth ymyl y tai a'u buarthau castellog, gwelir nifer o chwareli bach lle cloddiwyd am gerrig i godi tai ar gyfer y gymuned lewyrchus a arferai fod yma.

5 Amgylchynir yr hen Abaty gan furiau castellog ac arnynt feini balast, fel mynachod cycyllog yn gwarchod mynwent yr 'ugain mil o saint' a wnaeth Enlli yn enwog. Mae'n debyg fod cerrig yr Abaty wedi'u 'benthyg' i adeiladu muriau a thai.

6 Dringwch y mynydd wrth ymyl y capel i weld golygfeydd hyfryd, ond osgowch lethrau serth yr ochr ddwyreiniol.

7 Trowch am y gogledd orllewin ar draws y caeau i'r guddfan ym mhen gogledd orllewinol yr ynys, ac edrych-wch ar yr ithfaen crisialog o gwmpas y cwt. Chwiliwch am y patrymau rhyfedd ar y creigiau cyfagos lle mae hylifau poeth a lifodd o'r ithfaen wedi mineraleiddio'r mélange.

4 The track alongside the houses with their castellated stock yards is lined by small quarries where stone was excavated to build houses for the once-thriving community.

5 Around the old Abbey are castellated walls topped by basalt boulders, like hooded monks standing sentinel around the cemetery of the island's reputed 20,000 saints. Stone from the Abbey was probably 'borrowed' to build walls and houses.

6 Climb the mountain alongside the chapel to be rewarded by magnificent views, but avoid the steep eastern side.

7 Head north-west across the fields to the bird hide on the north-west tip of the island, and examine the crystalline granite surrounding the hut. Look out for strange patterns on the adjoining rocks where hot liquids from the granite have mineralised the mélange.

LLWYBR DAEAREGOL ENLLI

Ar ddistyll, ymbalfalwch i lawr y ddyfnant yn Ogof Las. Mae craig felynfrown wedi'i threulio'n ffurfiau rhyfedd i'w gweld yng ngwaelod y ffawt gyda mélange clastiog bob ochr iddi. Craig ddolomit ydyw ac mae'n debyg iddi gael ei chreu pan doddodd clast calchfaen yn ystod un o'r cyfnodau adeiladu mynyddoedd.

Ar hyd arfordir y gorllewin, ceir plygion diddorol yn y mélange gwyrdd. Mae anticlin (plyg) serth i'r gogledd o Solfach yn ffurfio ffedog ddeniadol o graig yn wynebu'r môr.

Mae'r clogwyni isel sy'n ffinio â Porth Solfach yn cynnwys rhai o'r enghreifftiau gorau o ddyddodion Oes yr Iâ ar Enlli. Uwchlaw'r llwyfan ysgithrog o graig wedi'i naddu gan y môr, ceir clog-glai (til) ac uwchlaw hwnnw, gwelir dilyniant o ddyddodion traeth wedi'u ffosileiddio.

8 At very low tide, clamber down the ravine at Ogof Las. A strangely weathered, buff-coloured rock can be viewed in the bottom of a fault flanked by clast-rich mélange. The rock is dolomite and it is probably the result of melting of a limestone clast during one of the mountain-building periods.

9 Along the west coast, interesting folds occur in the greenish mélange. A plunging anticline (fold) to the north of Solfach forms an attractive apron of rock facing out to sea.

10 The low cliffs bordering Porth Solfach contain the best displays of Ice Age deposits to be seen on Bardsey. The jagged wave-cut rock platform is succeeded upwards by Irish Sea boulder clay 'till' and finally by a succession of fossil beach deposits.

Tua'r de, heibio i'r goleudy (a wnaed o galchfaen wedi'i mewnforio) mae cuddfan fach yn edrych allan dros ffawt mawr a erydwyd gan y môr. Mae hwn bron â thorri'r pen deheuol oddi wrth weddill yr ynys.

Ar ochr ddwyreiniol penrhyn y goleudy, sylwch ar y creigiau du wrth odre'r arfordir. O edrych arnynt yn fanylach, fe welwch mai porffor, gwyrdd a choch ydynt mewn gwirionedd. Arferent fod yn lafâu 'gobennydd' basalt du.

Ar y darn isel o arfordir yn ôl i'r lanfa, ceir yr un fath o ddyddodion Oes yr Iâ a chyfordraeth a welir ym Mhorth Solfach.

Wrth aros am eich cwch, edrychwch ar y clastau anferth ar arfordir Pen Cristin. Yma, maent yn fwy niferus a chyfan na'r rheini ar weddill yr ynys.

11 Southwards past the lighthouse (made of imported limestone) a small hide overlooks a major fault eroded by the sea. This fault almost cuts off the southern tip of the island.

12 On the eastern side of the lighthouse peninsula black rocks fringe the coast. On closer examination, the true colours are purple, green and red. They were formerly black basaltic pillow lavas before their deformation.

13 On the low stretch of coast back to the jetty the Ice Age and raised beach deposits mirror those seen at Porth Solfach.

14 Waiting for the boat, examine the huge clasts on the Pen Cristin coast. These are more numerous and less altered than those on the rest of the island.

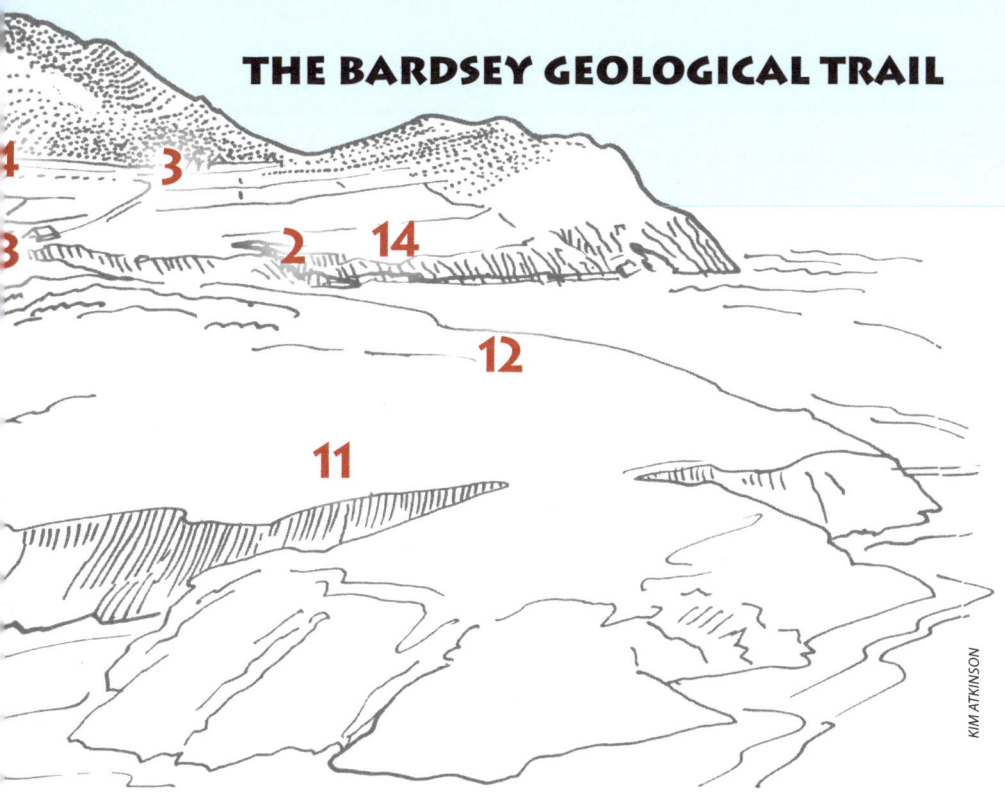

THE BARDSEY GEOLOGICAL TRAIL

KIM ATKINSON

Mae Meilyr Brydydd, bardd o'r deuddegfed ganrif, yn crynhoi'r ymdeimlad hwn o ddefosiwn wrth sôn am 'blwyf gwirin [teg] gwerin Enllí' a chyfeiria ati fel man atgyfodiad ac adnewyddiad. Mae Meilyr yn gobeithio'n fawr y caiff ei gorff yntau ei roi i orwedd gyda'r holl saint a fu farw ar yr ynys ac y caiff godi gyda hwy ar ddydd y farn i gwrdd â'i Greawdwr.

> *Pryd y bo cyfnod ein cyfodi,*
> *Y sawl sy ym medd, armaa fi.*
> *As bwyf yn addef yn aros y llef*
> *Y llog a achef aches wrthi,*
> *Ac y sy didryf, didraul ei bri,*
> *Ac am ei mynwent mynwes heli* —

           Meilyr Brydydd (fl.1100-1137)

Bardsey's spirit of devotion is summed up by the twelfth century poet, Meilyr Brydydd, who celebrates the 'fair parish of Enlli's faithful' and speaks of it as a place of resurrection. Meilyr expresses his own fervent hope that his body will rest among the many saints who have died on the island and that he will, on the last day, rise with them to meet his Creator.

> *When the time for all in the grave is ready*
> *For us to be raised, O then support me!*
> *Waiting that trumpet, may I lie quiet*
> *In a cloister, and on it, the beating sea,*
> *Deathless its fame, and it so lonely,*
> *Round its graves the breast of the salt sea* —

           Meilyr Brydydd (fl.1100-1137)
Translated by Tony Conran
— From 'Welsh Verse', Tony Conran, Seren, 1992

ENCIL YSBRYDOL

Cyn i Gristnogaeth gyrraedd rhannau gorllewinol Prydain, roedd Celtiaid yr Oes Haearn yn credu bod nifer o ynysoedd yn fannau cysegredig, elfennig. Ar ddechrau'r Oesoedd Canol dechreuodd Cristnogion encilio i Ynys Enlli, a daeth yn ganolfan bererindota. Mae'r ynys, a'i gwynt a'i thonnau, yn dal i ddenu pobl sy'n chwilio am lonyddwch a chyfle i fyfyrio.

TRADDODIAD CANOLOESOL

Mae presenoldeb cymuned fynachaidd ym mhen draw Pen Llŷn wedi ei gofnodi ar arysgrif, sy'n dyddio o ddiwedd y bumed neu ddechrau'r chweched ganrif, a ddarganfuwyd ar droed Mynydd Anelog ger Aberdaron. Mae'n cofnodi claddedigaeth *'Senacus yr Offeiriad'* ynghyd â *'nifer o frodyr'*. Roedd mynachaeth Gymreig, ynghyd â mynachaeth Iwerddon, wedi'u dylanwadu'n drwm gan fynachaeth yr Aifft yn y bedwaredd ganrif a bwysleisiai'r bywyd meudwyol yn ogystal â'r bywyd cymunedol fel y ffurf ddelfrydol ar ymlyniad Cristnogol radical. Mae'n debygol bod Enlli wedi dod yn ffocws i'r arbrofion hyn, gan o bosibl ddenu'r rheini a ddeisyfai ffurf galetach a mwy ymneilltuol o fywyd mynachaidd fel dihangfa neu, fel yn achos Dyfrig Sant, fel paratoad ar gyfer angau.

Mae'n rhaid bod y cymunedau mynachaidd wedi dioddef yn enbyd yn y nawfed a'r ddegfed ganrif gan ymosodiadau'r Llychlynwyr.

Erbyn y deuddegfed ganrif, roedd bri mawr ar Ynys Enlli ym mywyd crefyddol y genedl. Cyfeiriodd Gerallt Gymro ati, gan ddatgelu hefyd ei bod yn gartref i urdd Culdee, rhan o fudiad mynachaidd diwygiadol o'r nawfed ganrif o Iwerddon a gofir am eu cerddi meudwyol hardd yn mawrygu'r bywyd ymneilltuol a byd natur. Ar sail yr hanes hwn, tyfodd Ynys Enlli yn un o brif ganolfannau pererindota Cymru a chyfeiriwyd ati fel 'Rhufain Cymru'. Mae traddodiad meudwyol Enlli yn fyw hyd heddiw fel lle i encilio a gweddïo'n dawel.

YR YNYS HEDDIW

Gall ymwelwyr â'r ynys weld gweddillion drylliedig abaty'r Canoniaid Awstinaidd o'r drydedd ganrif ar ddeg a godwyd ar sylfeini'r hen sefydliad Celtaidd. Mae'r tŵr di-do wedi'i addasu'n ddiweddar i weinyddu'r cymun. Mae'r groes fawr gerllaw yn coffáu'r

A SPIRITUAL RETREAT

Before the coming of Christianity to western Britain, many islands were held in awe by the Iron Age Celts as sacred, elemental places. In the early Middle Ages Bardsey became a place of retreat for Christians, and became the focus of pilgrimage. The island, with its wind and waves, still exercises a fascination as a place of solitude and contemplation.

A MEDIEVAL TRADITION

The monastic presence at the tip of the Llŷn is recorded on an inscription, dating from the late fifth or early sixth century, that was found at the foot of Mynydd Anelog near Aberdaron. It records the burial of *'Senacus the Presbyter'* together *'with many brethren'*. Early Welsh monasticism, like that of Ireland, was strongly influenced by fourth century Egyptian models which stressed the hermit life as well as that of the community as an ideal form of radical Christian commitment. It is likely that Bardsey itself became the focus for these experiments, possibly attracting those who wished to retire into a more rigorous and solitary form of monastic life as a retreat or, as in the case of St Dyfrig, as a preparation for death.

Such monastic settlements on the island must have suffered severely however during the ninth and tenth centuries on account of the Viking invasions.

By the twelfth century Bardsey had already been long established as a place of special significance in Welsh religious life. Gerald of Wales speaks of it in this sense, revealing also that it was the home of Culdee groups, part of the ninth century Irish monastic reform movement who are remembered for their fine hermit poems that celebrate the glory both of the solitary life and the natural world. On the basis of its reputation, Bardsey became a major centre of pilgrimage in Wales and was known as the 'Rome of Britain'. The hermitage of Bardsey, *Y Betws*, is still maintained today as a place of quiet prayer and retreat.

THE ISLAND TODAY

Visitors to the island can see the fragmentary remains of the thirteenth century abbey of the Augustinian Canons who took over from the ancient Celtic foundation. The roofless tower has recently been adapted for eucharistic celebration. The very large

trydydd Arglwydd Niwbwrch a ailadeiladodd y tai ar yr ynys; mae'r ddwy groes lai, o arddull Geltaidd, yn coffáu'r ychydig sydd bellach yn weladwy o'r gorffennol crefyddol a'r 20,000 o saint y dywedir sydd wedi'u claddu yma.

Codwyd capel yr ynys, sydd bellach yn anenwadol, ym 1875 ac mae'n dal i gael ei ddefnyddio'n gyson i gynnal oedfaon. Gofynnir i ymwelwyr arwyddo'r llyfr ymwelwyr ac i gyfrannu at ei gynnal. Mae'r pulpud hyfryd a'r celfi eraill yn dyddio o'r amser pan oedd yn gapel Methodistaidd Calfinaidd gyda'i weinidog ei hun. Arferai'r gweinidog fyw gyda'i deulu yn Nhŷ Capel drws nesaf.

standing cross nearby is a memorial to the third Lord Newborough who built the houses and chapel on the island; the two smaller crosses, of Celtic type, commemorate the all but obliterated religious past and the numerous (20,000, according to legend) 'saints' reputed to be buried in or near the site.

The island chapel, today non-denominational, was built in 1875 and is still regularly used for worship. Visitors are invited to sign the visitors' book there and contribute to its maintenance. The magnificent pulpit and other fittings date from its use as a Calvinistic Methodist chapel, with its own minister who lived with his family in Tŷ Capel next door.